Monika Furger

Totgeschwiegen

Der Bruder meiner Mutter ist mein Onkel. Und die Schwester meines Vaters meine Tante.
Einfach und lapidar. Aber warum es auch noch ganz anders ist …
Ein Inzestopfer erzählt

Bibliografische Information der Deutschen Nationalbibliothek:
Die Deutsche Nationalbibliothek verzeichnet diese Publikation in der Deutschen Nationalbiblio-
grafie; detaillierte bibliografische Daten sind im
Internet über http://dnb.d-nb.de abrufbar.

Vorwort

Es sind traurige Geschichten, die Monikas Leben geprägt haben und die sie seit mehr als einem halben Jahrhundert mit sich herumschleppt. Darüber sprechen zu dürfen und nochmals in all die schwierigen und belastenden Momente mit Monika zusammen einzutauchen, hat mich sehr berührt. Nach vielen Gesprächen mit ihr ist dieser Lebensbericht entstanden, diese Geschichte nun gedruckt vorzufinden, ermöglicht Monika, sie in andere Hände zu legen und loszulassen. Wenn viele Menschen all das Traurige lesen und mitfühlen, heisst das auch Mittragen und etwas von der Last von Monika wegzunehmen.

Es ist nicht selbstverständlich, dass Monika trotz allem ihren Humor nicht verloren hat, sich geborgen fühlt in ihrem Umfeld, Freude am Leben hat und am Alltag interessiert geblieben ist. „Es ist wie es ist." Das ohne Zorn, Bedauern oder Selbstmitleid sagen zu können, ist mehr als nur selbstverständlich, zeugt von Kraft und Mut.

So wünsche ich auch Ihnen als Leser, durch das Lesen Anteil zu nehmen an Monikas Schicksal relativiere auch Schwierigkeiten in Ihrem Leben

und mache Ihnen bewusst, dass nichts selbstverständlich ist auf dieser unserer Welt.

Fritz WYSS

Das Elternhaus

Da steht es, das alte Bauernhaus, auch heute noch, an einen Hang gelehnt, weiter hinten Wald und dort oben auch die Scheune mit den Stallungen. Drei Fenster geben im weiss getünchten Untergeschoss den Blick frei ins Tal hinunter, drei Fenster ebenso im ersten und zweiten Stock des von der Sonne gebräunten Hauses, und auch unter dem Dachfirst zeugt ein Fensterchen von einem weiteren Raum.

Hinter einem dieser Fenster befand sich meine Kinderstube. Dort wuchs ich auf. Im Zimmer meiner Grossmutter verbrachte ich dort die glücklichste Zeit, und dort schliefen wir auch beide, bis ich zwölf Jahre alt war. Sie blieb bis zu ihrem Tod der liebste Mensch für mich, sie behütete mich, verstand mich, und alle unsere Geheimnisse teilten wir miteinander. Oft redeten wir noch bis in die Nacht hinein miteinander und erleichterten unsere Herzen und konnten loswerden, was uns belastete oder bedrückte. Sie war es dann auch, die mich über meine Herkunft ins Bild setzte. Da war ich aber schon zwölf Jahre alt. Darüber reden durfte ich aber mit niemandem. Grossmutter war leider schon seit ihrem 48. Lebensjahr auf den Rollstuhl angewiesen, und meine Mutter besorgte die Körperpflege oder brachte sie auch ins Bett. Bei meiner Geburt war die Grossmutter als meine leibliche Mutter auf dem Zivilstandsamt eingetragen worden, da meine Mutter damals noch minderjährig war. Darüber gesprochen wurde aber nie. Wer es überhaupt wusste, war nicht klar. Ich denke, die meisten Bekannten und Verwandten waren nicht im Bild und vermuteten als meinen Vater einen mehr oder weniger Unbekannten, mit dem meine junge Mutter als viel zu junges Mädchen – das vierzehnte Kind meiner Grosseltern – ein Techtelmechtel gehabt hatte. Getuschelt wurde aber im Dorf schon. Sicher bin ich aber nicht. Aber mir gegenüber machte niemand Andeutungen oder hänselte mich deswegen. Klarheit zu schaffen versuchte man dann auf Behördenebene doch, und mein Onkel, das heisst mein Vater, sollte Rechenschaft ablegen und wurde auch vorgeladen. Die Grossmutter setzte aber alles daran, dass er nicht verurteilt wurde und auch keine Gefängnisstrafe absitzen musste, da er inzwischen den Bauernhof übernommen hatte – oder hatte übernehmen müssen, da der ältere Bruder schon als Lastwagenfahrer arbeitete und nicht heimkehren mochte. So blieb mein Vater als Landwirt unabkömmlich , und so blieb die ganze Geschichte unter dem Deckel. Mein Vater kümmerte sich aber nie um mich. Nie brachte er mir Geschenke mit oder nahm mich zu einem Ausflug oder Gang ins Dorf mit, geschweige denn dass er meiner Mutter Unterhalt bezahlte oder sich sonstwie an den von mir verursachten Ausgaben beteiligte. Eigentlichen Streit hatte ich mit dem Vater nicht, gestritten hat sich aber meine Mutter oft mit ihm. Vor allem auch deshalb. Weil er das AHV-Geld meiner Grossmutter behändigte und für sich beanspruchte. Meine Mutter, die im Jahr vor meiner Geburt ein Haushaltlehrjahr absolviert hatte und nun aber keiner Arbeit nachging, arbeitete im Haus und auf dem Hof mit und verdiente nichts, musste dann schauen, wie sie mit den Ausgaben über die Runden kam.

Es wird im Übrigen wohl so sein, dass meine blosse Anwesenheit den Vater ständig an seinen Fehltritt – um es gelinde auszudrücken – erinnerte. So hatte ich keinen liebenden Vater, der mich auf den Arm nahm, der mir einen Gutenachtkuss gab, mir Geschichten erzählte oder mich ganz einfach nur gern hatte. Ich durfte ihn auch nie „Vater" nennen, das war mir strikt verboten. Während meiner ganzen Jugendzeit erinnere ich mich einzig an zwei Geschenke, die ich von ihm erhielt, einmal einen Davoser-Schlitten und ein andermal ein Nachthemd.

Ganz abgesehen davon, dass ich meinem Vater seine Missetat nie nachsehen oder verzeihen konnte oder kann – irgendwie war er ja auch ein Opfer, ein Opfer seiner selbst. Sein ganzes Leben lang war er damit konfrontiert. Er hatte eine raue Schale, aber wie es dahinter aussah, liess sich bloss erahnen.

Er hatte sicher auch davon geträumt, eine eigene Familie zu gründen, und dazu hatte er auch eine liebe Freundin gefunden. Ja, er hatte sich verliebt, und die beiden wollten sich auch verloben, heiraten und mit einer Familie auf dem Bauernhof leben. Da legte Grossmutter das Veto ein: Die zukünftige Bäuerin hatte einen kleinen Buckel. Das fand sie unmöglich und untersagte eine nähere Beziehung, eine solchermassen behinderte Frau tauge nicht für einen Bauernhof und könne die anfallenden Arbeiten später nicht mehr erledigen. Basta. Liebe hin oder her. Und der Sohn unterzog sich dem mütterlichen Befehl.

Vielleicht fusste auch dort seine spätere Missetat, die er aus Wut, aus Rache, aus Verzweiflung oder Verletzung in seiner Not verübte. Erst viel später fand er aber dann doch noch eine Frau, die mit ihren fünf Kindern zu ihm auf den Hof zog und die er dann schliesslich auch noch heiratete.

Da lebte ich aber schon längst nicht mehr zuhause und lernte diese Familie nie richtig kennen. Und für meinen Vater blieb ich weiterhin inexistent. Aus den Augen, aus dem Sinn.

Monika – früheste Erinnerungen

Eine schreckliche Erinnerung führt mich bis ins dritte Lebensjahr zurück. Mein Taufpate, ein Jahr älter als mein Vater und der älteste Onkel, kam auf Besuch, klopfte, und ich wollte ihm die Türe öffnen. Das tat gleichzeitig aber auch der Götti, und die Türe schlug mir mit voller Wucht mit der Türfalle ins Gesicht. Ich stürzte zu Boden, auf den Zementboden. Da lag ich, bewusstlos, wie eine Puppe, und tat keinen Wank mehr. Die Anwesenden rannten herbei, schüttelten mich, stellten mich auf den Kopf. Erfolglos. Grossmutter ordnete an, mich mit dem Kopf unter den kalten Wasserhahn zu stellen. Da begann ich zu schreien, der Kälteschock hatte meine Lebensgeister wiedererweckt.

Ferienlager mit dem Blauring

In Kontakt mit dem Blauring kam ich während meiner Schulzeit. Für Gruppen von jungen Mädchen wurden Gruppenstunden organisiert durch diese Jugendorganisation der katholischen Kirche, auch Lager während der Ferien. Zum ersten Mal hörte ich davon durch meinen Lehrer, der es eine gute Sache fand und unterstützte, dass auch behinderte Mädchen an solchen Lagern teilnehmen könnten. Meine Mutter war strikt dagegen und sträubte sich, einen Koffer und Schlafsack zu kaufen, dazu noch dies und jenes, und das Geld dazu fehle. Für mich bedeutete es aber, erstmals in meinem Leben fort zufahren von daheim, und das gleich für drei Wochen. Ich konnte mich aber schliesslich doch durchsetzen, und meine Mutter gab dank der Unterstützung durch die Grossmutter den Widerstand auf: „Lass sie doch gehen, das tut ihr nur gut", fand diese.

Untergebracht in einer Militärunterkunft im Berner Oberland hatten wir es lustig. Zu Beginn kannte ich keines der andern Mädchen. Wir lebten gruppenweise rund zu einem Dutzend in Baracken, durften diese nach unseren Vorstellungen gestalten und einrichten. Aus rotem Papier fertigten wir Vorhänge an und verzierten sie durch Maschen aus roten Nastüchern. Es wurde wunderschön und sah aus wie in einem Wohnzimmer. Wir suchten einen Gruppennamen, gekocht wurde für alle gemeinsam, und auch zum Essen trafen wir uns alle zusammen. Heimweh überfiel mir die ganze Zeit nie, zu spannend waren die Tage in der Bergwelt. Weil die meisten der Wanderungen für mich zu anstrengend gewesen wären, musste eines der grössten Mädchen bei mir zurückbleiben, aber bald stritten sich diese darüber, wer nicht mit auf die Wanderung musste. Bald wollten auch die Jüngeren bei mir bleiben und fanden es ungerecht, „dass diese darf und wir müssen….".

Am Abend wurde gespielt und gesungen, aber der Vikar war unheimlich streng. Vor allem nachts. Wenn wir nicht zur festgesetzten Zeit ruhig waren und schliefen, setzte er am nächsten Tag eine Wanderung an, von der die Mädchen so todmüde heimkehrten, dass sie dann im Bett sogleich einschliefen. Von solchen Strapazen blieb ich ja dank meiner Behinderung zum Glück verschont…

Während eines Wochenendes durften wir Besuche empfangen durch unsere Eltern, ich wurde erst in einem der drei späteren Lager ein einziges Mal durch meine Mutter besucht.

Da gehörte ich schon zu den älteren Kindern, und nun bastelten wir mit den jüngeren, suchten zusammen schöne Steine oder beschäftigen sie anderweitig mit Spielen oder was uns sonst gerade einfiel und zum Wetter passte. Es interessierte sie immer wieder, warum ich nur mit einer Hand arbeitete. Kinder sind ohnehin in solchen Situationen nicht gehemmt und sollen fragen dürfen und wissen, was sie interessiert. Auch wenn Erwachsene viel hilfloser sind und Eltern ihren Kindern den Mund verschliessen möchten.

Der Glaube an sich war schon im Elternhaus tief verwurzelt und ist auch für mich heute noch wichtig. Nur für meinen Vater war es eher ein Zwang, an Kirchenanlässen teilzunehmen, ebenso wenig liebte er die Beichte.

Anlässlich meiner Beichtprüfung vor dem Weissen Sonntag kam eine Schwester aus der hintersten Reihe nach vorn und wollte mir das Laudatio auf den Kopf schlagen, weil ich auf eine der Fragen des Pfarrers eine falsche Antwort gab. „Nicht so!", sprach dieser…

Lernjahre

Mit dem Eintritt in die Schule wartete täglich ein längerer Schulweg – etwa eine halbe Stunde – auf mich. Durch meine körperliche Behinderung – eine zerebrale Bewegungsstörung und rechtsseitige Lähmung – war das bereits eine grössere Belastung. Mittags durfte ich im Winter bei meinem Taufpaten essen. In der Klasse war ich bald gut integriert, die Lehrerin hatte grosses Verständnis für mich und ich hatte diese liebe Schwester gern. Etliche meiner Onkel und Tanten oder auch Cousins und Cousinen hatte sie zuvor schon unterrichtet. Meine Schulkolleginnen liebten mich, ausgelacht oder gehänselt wurde ich nie, noch heute habe ich guten Kontakt zu ihnen und alle stehen zu mir. Lesen und Rechnen lernte ich wie die andern auch und der Unterricht machte mir Spass, dass ich nur die linke Hand brauchen konnte, war kein grosses Hindernis. Nach der Schule half mir Grossmutter bei der Erledigung der Hausaufgaben, und dies und jenes gab es im Haushalt zu erledigen, auch etwa Milch zu liefern in die Käserei oder ins Restaurant unterhalb unseres Bauernhofes. Im Elternhaus lebte bis zu meinem zwölften Lebensjahr auch noch die Familie meiner Tante mit ihren sechs Kindern, was viel Betrieb und Leben mit sich brachte.

Mit elf Jahren trat ich ins Sonderschulheim Mätteli in Emmenbrücke ein. Meine Leistungen reichten in der bisherigen Schule nicht mehr aus, so dass der Wechsel dorthin eingefädelt wurde. Eine bisherige Lehrerin hatte zu wenig Geduld mit mir und hätte mir einmal beinahe das Laudateheft an den Kopf geschmissen. Die Mutter war nicht einverstanden, und der Vater hatte nichts zu sagen. Grossmutter brachte aber dann alle zum Einlenken, und ich kehrte nur noch übers Wochenende heim. Der Heimleiter, ein sehr guter Lehrer, war wie ein Vater zu mir. Er verstand mich, akzeptierte mich und stand mir bei allen Problemen bei. Probleme machte aber die Mutter. Sie weigerte sich, nötige Anschaffungen (Kleider, BH) oder Material für mich zu berappen und bezeichnete sie als unnötig. „Frau Furger, so geht das nicht!", der Heimleiter redete Klartext und bestellte die Mutter zu einem Gespräch zu sich. „Du wirst wohl wieder etwas angestellt haben!", schimpfte sie schon zum Voraus mit mir bei ihrer Ankunft. Zufällig bekam Gesprächsfetzen davon der Heimleiter zu hören und wies die Mutter zurecht: „Ihre Tochter hat noch nie etwas angestellt!" Die Mutter musste sich bei mir entschuldigen, schlug aber gleichzeitig zu. Jetzt platzte dem Heimleiter, der auch das mitbekommen hatte, endgültig der Kragen: „Frau Furger, das ist endgültig das letzte Mal, dass Sie Ihre Tochter schlagen!" Er beauftragte sogar die Mutter eines Mitschülers damit, auf dem Heimweg ein Auge auf meine dreinschlagende Mutter zu richten. Leider war das eine Gewohnheit meiner Mutter, sehr oft wurde nicht nur ich geschlagen, sondern auch ihre Brüder bezogen von ihr Prügel. Grossmutter musste sie oft stoppen und mich beschützen.

Gegen das Ende meiner Schulzeit stellte sich die Frage: Wie weiter, was jetzt? Oder eigentlich stellte sich die Frage gar nicht. Die Zukunft zeigte sich nicht als verheissungsvoller Himmel übersät mit Sternen, die mir zuwinkten. Eher düster wie die Nacht. Es gab keine grosse Abklärung, ich kannte auch meine Möglichkeiten zu wenig oder sie waren durch die körperliche Beeinträchtigung ohnehin eingeschränkt. Was ich kannte, war der Haushalt und die dort anfallenden Arbeiten, dort hatte ich schon zu Hause immer mitgeholfen, nicht ungern, wie selbstverständlich. Der Heimleiter fand auch dies ein geeignetes Tätigkeitsfeld für mich, meine Mutter war derselben Meinung und unterstützte sie darin. Sie selber hatte ja den gleichen Weg eingeschlagen, auch ohne viele andere Perspektiven. Ich freute mich auf die neue Zeit, etwas ausserhalb von Solothurn, und eine zweijährige Lehre nahm dort ihren Anfang. Ich trat ins Internat ein, jedes dritte Wochenende konnte ich zu Hause verbringen. Ich freute mich jedesmal. Zu Hause: das hiess nicht mehr auf dem Bauernhof, sondern bei meiner Mutter in Emmenbrücke, die sich dort schon während meiner Zeit im Kinderheim eine Wohnung gesucht und das Elternhaus verlassen hatte. Sie wollte endlich einmal auf eigenen Füssen stehen, selber etwas eigenes Geld verdienen und darüber verfügen können, und nicht zuletzt, um auch von meinem Vater wegzukommen. Grossmutter weinte. Man hatte ihr den Auszug ihrer Tochter bis auf den letzten Tag verheimlicht. Nun musste der Vater in die Hosen und neben seinen eigentlichen Arbeiten auf dem Bauernhof auch noch den Haushalt besorgen. Eine schwierige Zeit – für beide. Obschon regelmässig Familienangehörige vorbeikamen und beim Nötigsten mithalfen.

Für meine Mutter war es aber ein gewaltiger Schritt, wie sie sich entschloss, ihr Elternhaus zu verlassen. Eine richtige Flucht aus dem beschmutzten Nest. Ohne Vorankündigung. Eine Verzweiflungstat. Und doch voller Hoffnung, endlich flügge zu werden und sich selber eine kleine Welt nach ihren Vorstellungen zu schaffen, auf eigenen Füssen zu stehen. Und ein riesiger

Schreck für die andern Familienangehörigen. Nun waren sie gefordert. Es war keine Magd mehr daheim, die ihre pflegebedürftige Mutter umsorgte, kochte, putzte, einkaufte, alle die vielen Haushaltsarbeiten erledigte.

Mutter und ich kehrten erstmals nach rund drei Jahren wieder zurück zu meiner Grossmutter. Zu Besuch. Kurz vor ihrem Tod.

So lange wohnten wir inzwischen schon in unserer neuen Wohnung und hatten uns dort eingelebt, Meine Mutter freute sich, wenn ich abends heimkam nach Emmenbrücke. Vielleicht. Zeigen konnte sie es nicht.

Den bevorstehenden Tod der Grossmutter ahnte ich schon voraus: „Mutter, es geht nicht mehr lange…". Es verging keine Woche, war es soweit. Die Mutter telefonierte ins Heim und informierte die Heimleitung über den Todesfall, verbot es aber, mich davon zu unterrichten. Sie sollten doch aber für mich noch Kleider besorgen, einen dunkelblauen Pullover und schwarze Strumpfhosen, und dafür sorgen, dass ich dunkel gekleidet sei, wenn ich am Montagmorgen heimkomme. Ich fühlte genau, was geschehen war, und zog dann der Heimleiterin die Würmer aus der Nase, und sie bestätigte es. Mein liebster Mensch, meine Grossmutter, war gestorben. Am Vorabend der

Beerdigung, am Montagabend, wurde noch der Rosenkranz gebetet im Kreis der ganzen Familie, und da durfte ich dabei sein. Dann kam der endgültige Abschied, die Beerdigung mit allem Drum und Dran. Ich sass weit weg von meinem Vater. Und am nächsten Morgen wurde ich zurückgebracht nach Solothurn.

Dort hatte ich mich unterdessen schon recht gut eingelebt. Zu fünft teilten wir uns ein Zimmer, mit meinen Kameradinnen verstand ich mich mit den meisten gut, und wir hatten es auch lustig zusammen. Eines der Mädchen hatte aber auch mit grossen Problemen zu kämpfen und versuchte sich einmal aus einem Fenster des dritten Stockes zu stürzen. Traurige Momente auch da.

Mir gefiel die Arbeit und ich hatte Freude, alles Neue zu lernen, das Kochen, Besorgen der Wäsche, Einkaufen, Bügeln, Gartenarbeiten, Arbeiten, die ich in den Grundzügen von daheim schon kannte und die ich auch alle mit der linken Hand bewältigen konnte. Alles. Sogar eine Pfanne vermochte ich einhändig vom Herd elektrischen Herd zu nehmen, was mir zu Hause nicht gelang, eine solche aus dem Feuerloch des Holzofens zu heben. Neue Rezepte lernte ich natürlich schon kennen und ausprobieren., was mir wie alles andere auch grossen Spass machte.

Im zweiten Lehrjahr lernten wir den Umgang mit Säuglingen und Kleinkindern, lernten deren Bedürfnisse kennen und alle damit verbundenen Arbeiten.

Wir verdienten zehn Franken pro Monat, im zweiten zwölf. Damit liessen sich keine grossen Sprünge machen, zumal davon auch noch Bussengeld bezahlt werden mussten. So zum Beispiel 20 Rappen, wenn ein Kleidungsstück nicht mit dem Namen gekennzeichnet war oder wenn etwas in die Brüche ging.

Meine Mutter arbeitete in diesen Jahren als Packerin. Sie führte ein glücklicheres Leben als vorher auf dem Bauernhof, und meinen Vater besuchte sie dort nie wieder. Zu meiner Abschlussprüfung kam sie aber nach Solothurn. „Was musst du machen bei der Prüfung?", fragte sie. „Eine Mayonnaise." „Ach, die missrät dir ohnehin! Das kannst du nicht!" Nicht gerade aufmunternd vor Prüfungsbeginn. Und ein schlechtes Omen. Die Mayonnaise zu rühren gelang mit nun tatsächlich nicht, innerlich voller Zorn und aufgewühlt wie ich war, ging es total in die Hosen und in der Schüssel blieb alles flüssig, obschon dies für mich sonst nie ein Problem gewesen war und etwas, das ich beherrschte.

Trotzdem freute sich die Mutter schliesslich doch, dass ich die Prüfung bestand, und sie gratulierte mir auch.

Die Schulleiterin half mir nun meinen Wünschen gemäss eine Praktikumsstelle zu finden. Im St. Annahaus, einer Luzerner Klinik, war ich gut aufgehoben und half in der Küche eifrig und mit voller Freude mit beim Backen, Patisserie herstellen, Gemüse rüsten oder auch beim Putzen. Nach zwei Wochen ging auch das zu Ende, und ich wurde anschliessend gleich fest angestellt. Stolz und zuversichtlich schaute ich in die Zukunft, schön und verlockend erschien sie mir.

Meine Hunde

Was viel ärmer wäre mein Leben geblieben ohne die Hunde, die mir auf meinem Lebensweg begegneten, mir Gesellschaft leisteten, mich trösteten, mich verstanden, meine Freunde wurden und die ich nie vergessen werde,

Einer der ersten dieser liebenswerten Begleiter war Bäri. Wenn die Grossmutter im Rollstuhl sass, meine kleinen Cousins vor ihr auf der Wolldecke auf dem Boden spielten , davonkrabbelten und zu Grossmutter wollten, rief diese: „Bäri, such Monika!" Der Bäri holte mich und ich wusste genau, was los war und konnte die Kleinen der Grossmutter auf den Schoss setzen. Ein andermal sassen die Kleinen während der Heuernte im Schatten eines Baumes, und weil das Gelände abschüssig war, drohten sie immer weiter talwärts zu rutschen und aufs Stoppelfeld zu gelangen. Bäri stellte sich vor mich hin, hinderte mich am Weiterrechen und blickte dabei immer zu den Kindern, bis ich begriff und diese „rettete". Die schnellste Retterin war aber meine Mutter. Sie legte die Kinder zurück auf die Decke, und legte legte sich davor hin, um ein erneutes Abrutschen der Kleinen zu blockieren, was ihm meistens gelang. Noch heute kommen mir fast die Tränen, wenn ich daran zurückdenke. Einbruchsicher war auch immer das ganze Haus, keinem Fremden wurde von Bäri das Überschreiten der Türschwelle ermöglicht... Wenn Bäri gelegentlich herumstreunte, genügte es, wenn ich seinen Namen rief. Kaum hörte er mich, kehrte er augenblicklich zurück und legte sich schuldbewusst unter die Bank hinter dem Tisch.

Start ins Leben

Endlich war er da, der grosse Tag. Mit grosser Vorfreude trat ich hinaus ins Leben, freute mich auf meinen Arbeitsplatz, an dem ich zum ersten Mal einen Lohn verdienen und so erstmals über eigenes Geld verfügen würde. In der St. Anna-Klinik in Luzern wurde ich jubeln empfangen, nach meinem Praktikum dort in der Küche kannte mich die ganze Belegschaft, und auch sie alle freuten sich auf meine Mitarbeit. Mit einer Kollegin, die in der Wäscherei arbeitete, teilte ich ein Zimmer. Es trafen sich so zwei Menschen, die zusammenpassten und es lustig hatten miteinander. Naturgemäss hatte ich öfter auch an einem Wochenende Dienst als meine neue Kollegin, und hatte ich frei, verbrachte ich die freien Tage meist bei meiner Mutter.

In der Küche war ich überall einsetzbar. Die kalte Küche und Patisserie waren meine bevorzugten Spezialgebiete. Desserts vorzubereiten und anzurichten liebte ich sehr. Mit vielen Lehrtöchtern zusammen waren wir in der riesigen Küche eine grosse Mannschaft, und wenn den Lehrtöchtern etwas Neues beigebracht wurde, war auch ich eine dankbare und interessierte Zuhörerin, profitierte davon und lernte dazu.

Ich fühlte mich frei, empfand, den richtige Ort für mich gefunden zu haben. „Es ist, wie es ist", dachte ich oft, auch wenn viele Reinigungsarbeiten mir übertragen wurden. Alles musste immer blitzblank sein und glänzen, auch heute noch steckt dieses Bedürfnis nach Perfektion mir, und überall stört sich mein Auge an Unordentlichkeit oder mangelnder Sauberkeit. Wie viel es ausmacht, wenn ein Essen lieblos und unsorgfältig angerichtet und präsentiert wird, habe ich dort gelernt. „Das Auge isst mit", das gilt immer.

Abends sassen wir etwa zusammen und plauderten miteinander, hatten es lustig oder gingen noch aus und tranken noch irgendwo etwas zusammen, auch Lehrtöchter kamen auch mit – was aber die Spitalschwestern nicht so gerne sahen. Erstmals im Leben verfügte ich über eigenes Geld, das für dies und jenes reichte.

Am Wochenende wartete die Mutter auf mich, auch für sie waren es sonst einsame und langweilige Tage. Es war eine der besten Zeiten mit meiner Mutter zusammen, wenn sie mich mehr so einfach einkapseln konnte. „Ach, lass mich einfach machen", konnte ich jetzt gelassen reagieren, wenn sie mich zu sehr zu bevormunden oder zu gängeln versuchte. „Ich glaube, das machen halt viele Mütter so, die ihre Töchter nicht einfach loslassen können. Väter aber auch..."

Während der Woche konnte ich oft selbständig arbeiten und wurde dadurch auch stolz auf meine Leistungen und die Anerkennung dafür.

Trotzdem sah ich mich nach zweieinhalb Jahren nach einem neuen Arbeitsplatz um. Die Arbeitsabläufe wurden geändert, ich musste sehr oft Gemüse rüsten, und Vieles war zum alltäglichen und etwas eintönigem Alltagstrott geworden. An mir blieben immer dieselben Arbeiten hängen, die von den Lehrtöchtern nicht mehr ausgeführt werden mussten und die sie hinter sich lassen konnten. Eine neue Stelle fand ich in einem Altersheim, wo ich auch in der Pflege mitarbeiten konnte. Das war in Emmenbrücke, in der Nähe der Wohnung meiner Mutter.

Morgens, wenn Etage um Etage im Altersheim geöffnet wurde, fing ich mit der Reinigung an, mit Betten zurechtmachen und all den kleinen Handgriffen, die nötig waren um die Bewohner herum, die auch ihre kleinen Wünsche oder Bedürfnisse anmeldeten. In den vier Stockwerken lebten viele Menschen in Vierer- oder Dreierzimmern, einzelne auch in Einzelzimmern. Am meisten Mühe machte es mir, zuzusehen, wie viele tagsüber an Stühlen festgebunden wurden. Ich erledigte Botengänge, holte Medikamente und half mit bei der Kommunion mit dem Pfarrer, dies und das, sortierte Wäsche, was auch dazugehörte, und so war der Alltag vielseitig und abwechslungsreich. Schon damals: Todesfälle waren für mich Horror und fast unerträglich, Menschen zu verlieren, die ich begleitet hatte, stürzten mich jedes Mal in ein Loch – schon damals...

Aber nach zweieinhalb Jahren ging lief auch hier meine Zeit ab. Es war eine schöne Zeit, aber was lockte, war ein neuer Lebensabschnitt...

Vom Himmel in die Hölle

Wie soll ich es nennen? Die Sonne, die aufging? Eine Blume, die erblühte? Eine schöne Melodie, die mein Herz erfüllte: Ich hatte mich verliebt. Durch ein Inserat lernte ich einen jungen Mann kennen, der eine Freundin suchte und eine Frau fürs Leben. Wir verstanden uns auf Anhieb. Er gefiel mir, war Schreiner von Beruf, ein schöner und lieber Mann, der mich zum Träumen brachte. Er wohnte in Küssnacht, hatte schon beide Eltern verloren, und wegen der Liebe zu ihm suchte ich einen neuen Arbeitsplatz – in Küssnacht. Meine Mutter hatte keine Freude und war von Anfang an dagegen. „Du weisst ja…, mach keinen Blödsinn…" Es hat ihr einfach nicht gepasst. Als wir dann auch noch zusammenzogen in seine Wohnung in Küssnacht, in seinem Elternhaus, und ich im dortigen Altersheim auch noch eine neue Stelle fand, begann die schönste Zeit in meinem Leben, aber auch der Lebensabschnitt mit den traurigsten Ende. Mein Freund besass ein Auto, wir unternahmen damit am Wochenende Ausflüge, besuchten Schulkollegen oder -kolleginnen, während der Woche arbeiteten wir beide auswärts, abends erledigte ich noch die Hausarbeiten und kochte, und wir genossen unsere kleine glückliche Welt und unsere Liebe zueinander.

Nach einem Jahr wurde ich schwanger. Zum Entsetzen meines Freundes. Er konnte sich mit dem Gedanken, Vater zu werden, nicht anfreunden. Eine schwierige Zeit begann, Streit beherrschte den Alltag, und mein Freund begann zu trinken. Die Verlobung und die Hochzeitspläne traten in den Hintergrund und waren kein Thema mehr zwischen und beiden. Entsetzt und ausser sich war auch meine Mutter. Voller Angst machte sie mir die Hölle heiss. Mit meinem Freund zusammen hatten wir sie nur ein einziges Mal besucht Eine Heirat hatte sie – wie sich nun zeugte, erfolgreich – zu verbieten versucht. Sie trotzte, machte mir Vorwürfe. Wohl holte sie ihre eigene Vergangenheit ein. Mit dem Elend ihrer Schwangerschaft, den Folgen für ihr künftiges Leben hatte sie sich noch nicht versöhnt. Nun die Tochter zu sehen, die sich freute, voller Hoffnung und froher Erwartung ihr Kind erwartete, war sie überfordert. Das alles hatte sie nie kennen gelernt. Abgesehen davon, dass sie mir die Mutterrolle mit allem Drum und Dran gar nicht zutraute. Mich mit der Geburt ihres Grosskindes selber irgendwie zu verlieren, gehörte vielleicht auch zu ihren Ängsten. Sie besuchte uns auch nie in unserer Wohnung in Küssnacht.

Aber dann tauchte eine Beiständin auf…

Meine Mutter hatte das eingefädelt mit Hilfe eines Paters. Ich war einundzwanzig Jahre alt und hatte nichts dazu zu sagen, wurde auch nicht gefragt. Weil ich ein Kind erwartete, wurde ich bevormundet. Ich wurde aber durch die Beiständin zu sehr gegängelt und eingeengt und auch ausgenützt. Einmal monatlich wollte sie mit mir auswärts essen gehen und ich musste alles bezahlen. Sie war nicht viel älter als ich. Als ich einen Wechsel beantragte, wurde mir ein Mann zugeteilt, mit dem ich mich aber kaum besser verstand. Im Gegenteil: es wurde noch schlimmer. Bei meinem Freund durfte ich nicht länger wohnen und musste ausziehen. Die Freundschaft zu ihm zerbrach noch vollständig, und Ich musste umziehen in eine „Durchgangsstation für Mutter und Kind" In Hergiswil. Mein Verlobter stand sprachlos da, blieb ratlos, vielleicht auch erleichtert zurück und fand keine Worte. In dieser Durchgangsstation besuchte er mich nie, alles zwischen uns war aus. War ausgelöscht worden. Das tat unendlich weh. Und tut es noch jetzt. Er hätte ja eigentlich irgendwie zur Kasse gebeten werden müssen, aber das unterliess man.

Und unser Kind…

Es wurde tot geboren, erstickt in meinem Blut. Als die Wehen einsetzten, begann das Blut zu fliessen, und ich wurde mit einem Privatauto nach Luzern gebracht, ins St. Anna-Spital. Mit der Ambulanz wäre es viel schneller gegangen, so aber dauerte es zu lange, und das kleine Mädchen konnte nicht gerettet werden. Da bei der Ankunft im Spital auch keine Ärztin anwesend war und zuerst hatte aufgeboten werden müssen, war zu viel Zeit verstrichen. Das kleine Wesen so zur Welt zu bringen, nie in den Armen zu halten, nie einen Ton von ihm zu hören, nie einen Atemzug zu fühlen, das war entsetzlich, grauenhaft.

Drei Jahre lang ertrug ich es nicht mehr, unterwegs einer Frau oder einem Mann mit einem Kinderwagen zu begegnen, stets wechselte ich die Strassenseite, wenn so ein Gefährt auftauchte.

Es brauche eine lange Aufbauzeit, bis ich überhaupt nur wieder ein Kind anschauen konnte. Heute sind alle Kinder, die hier bei uns von Mitarbeiterinnen geboren werden, meine Kinder. Das sage ich zu allen.

Das ist wohl die Ursache, dass auch heute der Tod seinen Schrecken für mich nicht verloren hat und mich immer in ein bodenloses tiefes Loch zieht…

Meinen Freund habe ich nie mehr gesehen.

Meine Mutter hat mich einmal im Spital besucht und mir drei Rosen mitgebracht ins Spital. Ich lag aber in der Narkose und habe den Besuch nicht bewusst wahrgenommen.

Alle fünf Minuten musste mein Leintuch gewechselt werden, weil es vollgeblutet war.

Die Gebärmutter musste entfernt werde, da die Blutungen anders nicht gestillt werden konnten.

Ich erhielt 38 Blutkonserven in der Zeit meines Spitalaufenthaltes.

Ich war die erste Patientin in der neueröffneten Intensivstation in der St. Anna-Klinik und verbrachte dort eine Wochen meines einmonatigen Spitalaufenthaltes im Spital, in dem ich meinen ersten Arbeitsplatz ausgefüllt hatte.

Aber es ging dann endlich wieder aufwärts. Und ich konnte das Spital verlassen und zurück zu meiner Mutter ziehen. Kein einfacher Weg. „Du hast einen Fehler gemacht." Das stand für die Mutter fest. Eingehender darüber zu sprechen, das konnten wir nicht.

PS: Mein tot geborenes Kindlein wurde in einem Kindersärglein ins Grab einer zufällig zur gleichen Zeit verstorbenen Frau gelegt, neben den grossen Sarg. Anonym. Grabstein bekam es keinen. Ich weiss aber, wo es lag. Oder liegt.

Aussortiert

Es geschah erst nach dem Tod der Grossmutter, dass sich mein Vater nach einer Lebenspartnerin umsehen und sich eine solche ins Haus holen durfte, nachdem er dort als letzter meiner Geschwister zurückgeblieben war. In der Familie war alles so geregelt und vereinbart worden, so dass dem Vater die Hände gebunden geblieben waren bis zu diesem Zeitpunkt. Ebenso war geregelt und waren alle Bedingungen festgelegt, wie und unter welchen Bedingungen der Hof an in den Besitz meines Vaters überging. Ein einziges Mal besuchte ich ihn noch nach dieser vorgespurten Hofübernahme.

Später, als mein Vater gestorben war, erhielt ich einen Telefonanruf einer Freundin, die mir die traurige Nachricht mitteilte. Ich war schon auf den Handrollstuhl angewiesen, und ich wurde zur Beerdigung abgeholt. Der Onkel stellte mich den Anwesenden vor: „Das ist die Monika." Er war der einzige, der mich überhaupt erkannte.

Die Todesnachricht bedeutete für mich eine grosse Erleichterung. Irgendwie schlossen sich die Rollladen hinter einem meiner Lebensabschnitte und ich fühlte, jetzt geht etwas, es geht vorwärts, etwas Neues kann beginnen.

Eine Erbteilung gab es zu diesem Zeitpunkt nicht. Alles war notariell geregelt, dass bis zum Tod meiner Mutter alles unangetastet und so bliebe, wie es war, während zehn Jahren. Meine Mutter starb dann erst nach dieser Frist, und ich erhielt nie auch nur den kleinsten Anteil am Nachlass meines Vaters. Auch meine Beiständin konnte da nichts mehr ausrichten. Der Vater hatte mich offiziell oderamtlich nie als seine Tochter erklärt, auf der Geburtsurkunde hatte ich bloss eine Mutter und auch in andern Dokumenten fehlte der Name eines Vaters. Bloss im Familienbüchlein stand mein Name, dort aber als die jüngste Tochter meiner Grosseltern und damit als Schwester meines Vaters. Auf diese Weise waren die Fäden zu meiner Vergangenheit zerschnitten, neu geknüpft, ein Lügengebäude errichtet zementiert worden. Das war für mich ein harter Schlag. Unsäglich, wie weh mir das heute noch immer tut. Ich kann es einfach nicht verkraften und verdauen. Die Geschichte arbeitet in mir drin. Gerade darum möchte ich, dass das auch andere Menschen lesen und vernehmen. Das ist zwar jetzt zu spät. Aber Erleichterung verschafft es mir trotzdem. Das war so fies, so himmeltraurig von meinem Vater. Es schafft in mir drin und geht nie zu Ende. Ich darf eigentlich nie daran denken, sonst packt mich die

Geschichte wieder und stürzt mich in Verzweiflung.

Halt bieten mir dann etwa die Schönstattschwestern und ich kann mich an der Mutter Gottes aufrichten. Wenn ich diese Unterstützung nicht immer wieder bekäme, wäre ich wohl kaum noch da. Ich kann dort jederzeit anrufen, die Marienschwestern beten für mich und ich finde Erleichterung.

Auf dem Bauernhof lebt noch die ehemalige Frau meines Vaters. Wie soll ich sie nennen: meine Schwiegermutter? Meine Schwägerin? Sollte sie dereinst sterben, würde ich es vielleicht vernehmen durch eine Schulkollegin, die noch in der Nähe wohnt und mit der ich noch Kontakt habe.

Und mein Vater? War der ein schlechter Mensch? Nein, das würde ich nicht sagen. Er hatte drei Patenkinder, auch diesen hat er nie etwas von sich aus geschenkt, ohne dass meine Mutter dies einfädelte und regelte. Aber das war halt typisch Mann… Alle Brüder meines Vaters waren so und nicht besser. Keiner der beiden, die noch leben, hat mich je besucht oder je sonst Kontakt zu mir aufgenommen.

Als Bauer war mein Vater ein spezieller Berufsmann und brauchte immer Rat und Unterstützung durch seine Brüder. Zu den Tieren war er grob und traktierte sie auch. Ich musste mich oft einmischen und sagen: „Halt ein, so geht das nicht! Nicht so! Was wäre, wenn man dich verprügeln würde? Du darfst kein Tier schlagen!" Besonders böse war er auch mit dem Hund, nicht nur mit den Kühen.

Er war sicher auch sehr einsam und irgendwie ein Einsiedler. Er war kein geselliger Mensch, ein Eigenbrötler und In keinem Verein Mitglied, verbrachte aber doch etwa Sonntage in der Wirtschaft und trank über den Durst. Dass dann die Grossmutter auch melken konnte, war mehr als einmal nötig, wenn er dann gegen Abend nicht anrückte. Aber meine Mutter lernte das Melken auf Geheiss der Grossmutter nie: „Mach das nicht, sonst kommt er abends nicht mehr heim." Der Gottesdienst am Sonntagmorgen und der anschliessende Wirtschaftsbesuch mit viel Alkohol liessen sich schlecht miteinander in Einklang bringen... „Du hast nichts zu sagen", wurde ich angefaucht, wenn ich ihn darauf ansprach und ihm ins Gewissen zu reden versuchte.

Lieber Vater

Dich so zu nennen fällt mir zwar schwer, was ein Vater ist, weiss ich eigentlich nicht, ich kann mir höchstens vorstellen, was er sein sollte und was du hättest sein können für mich. Aber ich weiss, dass du ein Gefangener war, ein Gefangener deiner selbst.

Dein Vater war ein sehr strenger Mensch, der deine Mutter des öftern mit einem Lederriemen traktierte. Ich kann mir gut vorstellen, dass das auch für dich und deine Geschwister schlimm war und auch ihr gelegentlich mit dem Lederriemen Bekannschaft machen musstet. Meine Mutter musste mehrmals zuschauen. Ich weiss es nur, weil sie diese traurigen Erlebnisse in ihrem Lebenslauf erzählte, den sie später im Spital aufgeschrieben hat. Dass der Lederriemen auch verwendet wurde, um dich zu züchtigen, hat sie mir mehrmals erzählt. Wie oft? Darüber gesprochen wurde nie. Das weisst nur du.

Als junger Mann musstest zu daheim bleiben. Du wurdest bestimmt, den Hof deiner Eltern zu übernehmen und darauf der nächste Bauer zu werden. Als deine zukünftige Lebensgefährtin hattest du ein junges Mädchen kennengelernt und dich verliebt. Und Zukunftspläne geschmiedet. Das wurde durch deine Eltern unterbunden. Deine Freundin wurde als untauglich eingestuft, als unbrauchbare Arbeitskraft. Du unterzogst dich diesem Urteil, diesem Beschluss.

Dann der tragische Moment, als du deine kleine Schwester missbrauchtest, die meine Mutter wurde.

Einmal hast du das getan. Ein einziges Mal. Als du die Kontrolle über dich verlorst. Oder arglistig? Vorsätzlich? Aus Wut? Verzweiflung? Wohl kaum.

Aber dadurch hast du dein Leben zerstört. Das meiner Mutter ebenso. Zerstört ist vielleicht ein zu starkes Urteil. Aber du hast eine Tat begangen, die du nicht mehr korrigieren und ungeschehen machen konntest.

An einem einzigen Tag deines Lebens. An einem von über 24 000 Tagen deines Lebens...

Du hast keine Strafe dafür verbüsst und bist doch dein ganzes restliches Leben bestraft gewesen dafür. Und ich?

Ich glaube nicht, dass du mit einem Menschen je über deine Nöte hast sprechen können. Mit niemandem in der Familie. Durch keine Beichte ist dir dein Los erleichtert und eine Last von dir genommen worden. Nachher war nicht mehr wie vorher, und trotzdem war nachher wie vorher. Es musste weitergehen. Es wurde geschwiegen, vertuscht, verheimlicht, durfte nicht sein.

Aber ich war da. Und bin noch da. Als letztes Glied in der Kette. Das nächste Glied, meine Tochter, hat ihre Geburt nicht mehr erleben dürfen.

Und ich bin ein Mensch, der Freude hat, auf dieser Welt zu sein, der sich am Leben freut, die Tage geniesst, die ihm noch geblieben sind...

Und der Blick auf diese Verkettungen in meiner Lebensgeschichte, der Grossvater mit dem Lederriemen, du, mein Vater, ich, mit meiner Behinderung, meine Tochter, die das Licht der Welt nie erblickte...

Das letzte Glied der Kette.

Was soll das alles? Wäre es besser, ich wäre nie geboren worden? Nein. Soll ich dankbar sein, für das, was du getan hast? Nein. Zu viele Fragen, die ich nicht klären kann und die offen bleiben. Aber ich muss ja auch nicht alle Antworten finden. Irgendwie muss alles seinen Sinn haben.

Lieber Vater: auch ich habe geschwiegen. Diesen Brief habe ich dir nie geschrieben und nie schreiben können. Nimm es mir nicht übel, und ich will auch dir nichts übel nehmen. Und verstehen, das müssen wir nicht. Es gibt aber einen, der es wissen muss.

Ein Brief von meiner Mutter

Liebe Monica

Es gibt sehr Vieles, worüber ich mit dir noch nie gesprochen habe und worüber ich auch nicht habe sprechen können. Und ich weiss, dass du mich für eine schlechte Mutter hältst. Halten musst. Und das tut mir so weh.

Vielleicht kannst du mich trotzdem ein wenig verstehen, wenn ich dir etwas genauer aus meinem traurigen und verlorenen Leben erzähle.

Du weisst ja, was mit mir zugestossen ist oder genauer, was mir angetan worden ist, als ich noch nicht 16 Jahre alt war.

Eines Abends im Spätherbst, als ich nichtsahnend und gedankenverloren draussen ums Haus spazierte und auch hinter dem Schweinestall vorüberkam, packte mich dort mein grosser Bruder.

Ohne Worte und mit erstarrtem, grimmigem Blick zog er mir die Hosen herunter und vergewaltigte mich. Ich wusste gar nicht, was der wollte, was mit mir passierte und was ich angestellt haben könnte. Mir die Einzelheiten dessen, was damals in den kurzen paar schrecklichen Minuten ablief, noch einmal ins Gedächtnis zu rufen, schaffe ich nicht, und dir möchte ich sie auch ersparen. Heulend, schmutzig und fassungslos rannte ich zurück ins Haus und versteckte mich in meinem Zimmer. Ich war nur noch ein Häufchen Elend, schmutzig, hatte Schmerzen und schämte mich, fühlte mich bloss noch als ein Häufchen Dreck. Meiner Mutter konnte ich nichts erzählen, obschon sie merkte, dass mit mir nicht alles stimmte und dass mir etwas ganz Schlimmes passiert sein musste. Den Namen meines Bruders konnte ich schon hervorpressen, und die Mutter erbleichte, getraute sich aber nicht weiter zu fragen. Ich glaube, sie ahnte die Wahrheit, über so etwas redete man aber nicht. Weil nicht sein konnte, was nicht sein durfte. Der Mantel des Schweigens legte sich darüber, und meine Seele vertrocknete, ist für immer beschädigt geblieben., etwas war in mir erstorben. Meinen Bruder würdigte ich keines Blickes mehr in den Tagen darauf, er ging mir auch aus dem Weg, ich fühlte keine Lebensfreude mehr, fühlte mich ausgestossen, allein gelassen, meinem Elend überlassen., todunglücklich., weggeworfen, ein Stück Abfall. Nach Monaten aber, als sich mein Bauch zu wölben begann, erfasste ich erst richtig, was nun auf mich zukommen würde. Auch meiner Mutter ging wohl ein Lichtlein auf, aber darüber wurde auch jetzt geschwiegen, kein Sterbenswörtchen verloren. In meinem Körper wuchs ein neues Menschenleben heran, das ohne Liebe gezeugt worden war, das nicht mitVorfreude erwartet wurde und das mir meine Zukunft verbaute, sie mir recht eigentlich nahm. Ich sträubte mich dagegen, weinte nächtelang, nahm trotz des heranwachsenden Kindes nicht an Gewicht zu und dämmerte nur noch dahin.

Es kam dann der Moment, da sich die Wehen einstellten, grosse Schmerzen, die ich nicht einordnen konnte. Aber bald begriff, was sich anbahnte, und meine Mutter wusste bald Bescheid und liess die Hebamme kommen. Als diese endlich eintraf, machte sie ein sorgenvolles Gesicht und machte sich an die Arbeit. Mich verliessen bald die Kräfte. Ich wolle das alles gar nicht, wollte kein Kind, wollte nicht Mutter werden und wollte einfach gar nichts mehr. Auch nicht gebären. Es gab verschiedene Ursachen, dass sich die Geburt in die Länge zog und du dabei – ohne Tränen kann ich nie mehr daran denken – dabei erlittest du Schäden, die sich nie mehr beheben liessen. Liebe war auch bei deiner Geburt keine da, nur Angst, Scham, Wut, Hilflosigkeit, Verlorenheit...

Ich war von Anfang an nicht nur eine schlechte Mutter für dich, sondern gar keine. Auch im Laufe deiner Kindheit versagte ich. Du kennst mein weiteres Leben, traurig, ohne Freude, alleingelassen und alleingeblieben wie du auch.

Ich möchte dich gerne um Verzeihung bitten, kann es aber nicht, und auch mir selber kann ich nicht verzeihen. Nicht einmal auf Verständnis habe ich Anrecht, aber vielleicht weiss ein anderer, warum wir beide so etwas zu ertragen und zu überstehen haben.

Nach all den Jahren bin ich aber trotzdem stolz auf dich, meine liebe Monica. Stolz auf deine Frohnatur, deine Liebe zu den Tieren, deinen Lebensmut.

Deine Mutter

Dieser Brief ist bei mir nie angekommen. Und die Mutter hat ihn auch nie geschrieben. Aber es hätte so sein können, meine Mutter war nicht mit Absicht so, und sie war auch nicht so geboren worden.

Zeitungen vertragen

Nach dem Ende meiner Arbeit in der Metzgerei stellten sich die Fragen nach meiner weiteren Zukunft. Ich erhielt schon seit meiner Kinderzeit eine Invalidenrente, und so wurde ich immer wieder unterstützt mit Ratschlägen, mit finanzieller Hilfe oder auch bei Problemen irgendwelcher Art, wenn Schwierigkeiten auftauchten.

So kam ich zu meiner neuen Anstellung als Zeitungsverträgerin und damit auch zu einem Fahrzeug, mit dem ich zu den Empfängern fahren konnte. So gelangten die „Luzerner-Zeitung", das „Vaterland" und das „Tagblatt" zu ihren Abonnenten in meinem Kreis. Anfänglich legte ich die ganze Strecke zu Fuss zurück, startete am Morgen um vier Uhr und sollte die Tour um sieben Uhr beendet haben. Aber das gelang mir nicht immer. So beschaffte ich mir ein Elektromobil mit einer Kabine, einem Zweisitzer. Durch eine Kabine hinten, einem Gitter vor den zweiten Vordersitz und einer Ablage unten konnte ich die ganze Post verstauen und vollgepfercht mit Zeitungen losfahren konnte auch an Tagen mit Grossauflagen die Tour rechtzeitig beenden. Zu verdienen gab es nicht so viel, aber doch so viel, dass mir die Ergänzungsleistungen gekürzt wurden.

Weiterhin einer Arbeit nachgehen zu können, war für mich etwas sehr Wichtiges . So kam ich unter die Leute, mir nicht unnütz und von der Gesellschaft ausgeschlossen vor und so blieb mir dann doch noch der Grossteil der Tage für mich. Und meine Arbeit selbständig ausführen zu können, erfüllte mich auch mit Genugtuung uns Stolz.

Kindermädchen

Auf dem langen und schwierigen Weg zu meiner Wiederherstellung nach dem Verlust meines Kindes gingen mir viele Gedanken durch den Kopf. Wie sollte das Leben weitergehen? Das Ziel, eine eigene Familie gründen zu helfen, war nun in unerreichbare Ferne gerückt, aber mein Traum, Kinder um mich zu haben und ihnen eine bessere Welt zu zeigen, als ich sie erlebt hatte, war noch stärker geworden. Meinen bisherigen Beruf, in der Pflege zu arbeiten und älteren Menschen im Alltag behilflich zu sein, mochte ich nicht wieder aufnehmen. Was lag da näher, als mich nach einer Familie umzusehen, die einen Menschen suchte, um ihre Kinder zu betreuen, während die Eltern arbeiteten. Aber vorerst verbrachte ich nach dem Spitalaufenthalt noch drei Wochen in einem Erholungsheim am Walensee, das durch Klosterfrauen geführt wurde, herzensgute Menschen, mit welchen ich heute noch Kontakt pflege. Sie kannten meine ganze Geschichte und begleiteten mich intensiv auf dem Weg zurück ins Leben. In Gruppengesprächen und während Besinnungstagen, auch später immer wieder, stiess ich auf viel Verständnis und Liebe. Es waren Marienschwestern, Frauen einer Vereinigung für Muttergottes-Verehrung, Angehörige der Schönstatt-Bewegung.

Nach diesen drei Wochen fühlte ich mich wieder gerüstet für den Alltag und freute mich, als ich eine Familie fand, die mich auf Anhieb auch als geeignet für die Mitarbeit in ihrem Haushalt und die Kinderbetreuung erachtete. Für die Haushaltführung hatte ich ja eine entsprechende Ausbildung mit Erfolg abgeschlossen und fühlte mich der Aufgabe gewachsen.

Zur jungen Familie gehörte ein zweijähriges Mädchen, das umsorgt und beschäftigt werden musste, während die Mutter im Erdgeschoss als Coiffeuse arbeitete. Sie stammte aus einer Italienerfamilie, ihre Eltern wohnten in einem angrenzenden Haus nebenan. Der Vater arbeitete als Bankangestellter auswärts. Mein neuer Arbeitsplatz befand sich nicht weit von der Wohnung meiner Mutter entfernt, bei der ich nun auch wieder eingezogen war. Mein Zögling entpuppte sich als nicht ganz einfach und konnte sich auch schon als kleines Lausmädchen zeigen. Am Morgen, wenn ich eintraf, schlief die Kleine immer noch. Am Abend wurde sie regelmässig erst sehr spät zu Bett gebracht, so dass sie am Morgen erst um elf Uhr aufstand und dann als erstes ihren Schoppen verlangte und auch bekam. Zu meinen Aufgaben gehörte das Putzen, Kochen und am Nachmittag das Einkaufen. Daneben war ich für das Mädchen, die kleine Manu, verantwortlich. Ich war eine strenge Erzieherin. „Moni ist böse", meinte sie etwa, wenn ich dem Wildfang etwas untersagte, aber wenn ich deutlich wurde, merkte sie sofort, „wo der Pfeffer liegt"… Es kam öfters zu Diskussionen, und der Vater fragte dann seine Tochter: „Manu, hast du Moni nicht gehorcht?" Das Töchterchen erzählte dann, worum es gegangen war, und der Vater tadelte es. Nicht aber die Mutter. Diese war in meinen Augen zu gleichgültig und liess Manu zu viel durchgehen. Im Sommer konnte sich Manu im schönen Garten tummeln, im Planschbecken spielen oder mich beim Einkaufen begleiten. Es gab aber doch auch Schwierigkeiten. So verwöhnte der Grossvater seine Enkelin mit Süssigkeiten, während ich beim Einkaufen nicht alles mitlaufen liess und nicht bezahlte, was sich Manu oft lautstark aneignen wollte. Mit fünf Jahren bekam Manu ein Schwesterchen, und dann begannen auch zunehmend Schwierigkeiten. Sie arteten immer mehr in Streit zwischen den Eltern aus und – ich stand dazwischen. Meist stand zwar der Vater auf meiner Seite, er war ein gestrenger und gerechter Vater. Er wollte für seine ältere Tochter einen geregelten

Tagesablauf durchsetzen, doch die Mutter ignorierte das. Lustig waren die schönen Feiern im Haus. Dann ging es lustig zu, wenn auch die Grosseltern oder Lehrtöchter der Mutter dabei waren und auch ich dazugehören durfte.

Aber nach der Geburt der zweiten Tochter war immer mehr „der Teufel los". Manu begann zu trotzen, das Bett zu nässen, versuchte mich zu ärgern und einmal sogar in der Waschküche einzuschliessen. Ich hatte nun zwei Kinder zu betreuen, und alles wurde mühsamer und umständlicher. Schon das Einkaufen mit den beiden. Es gab aber auch lustige Momente. Einmal unterwegs zusammen mit den Eltern erklärte Manu: „ich muss hinter dem Wagen marschieren, sonst ist es zu gefährlich." Da staunten die Erwachsenen, und mir kamen fast die Tränen, während die Eltern das Lachen unterdrücken mussten. Mit der jüngeren Tochter, mit Daniela, war es auch nicht ganz einfach, sie musste lernen, dass sie nicht nur ihrer grossen Schwester nacheifern durfte, sondern sich auch an meine Anordnungen zu halten hatte.

Der Lohn für meine Arbeit war zufriedenstellend, Sonntag und Montag hatte ich frei, aber nach Notwendigkeit hütete ich am Wochenende gelegentlich auch andere Kinder in der Nachbarschaft.

Nach sieben Jahren hatte ich mich nach einem neuen Arbeitsplatz umzusehen. Die Ehe meiner Arbeitgeber ging in die Brüche, da die beiden nicht am selben Strick zu ziehen vermochten und die Differenzen zu gross wurden. Der Vater zog aus, er mochte nicht ständig „an eine Wand sprechen...". Die Mutter musste dann den Coiffeursalon aufgeben, die Kinder besuchten die Schule, und ich wurde überflüssig.

Kindermädchen II

Abschied zu nehmen von einer Familie und den Kindern, die mir ans Herz gewachsen waren, fiel mir nicht leicht. „Man verliert etwas:"
Ohne Probleme fand ich aber schnell einen neuen Arbeitsplatz bei einer Spanierfamilie. Drei Kinder, die beiden älteren schon schulpflichtig, schlossen mich schnell ins Herz. „Mami, Papi, wann geht ihr wieder einmal fort?" bedrängten sie oft ihre Eltern, wenn sie hofften, dass ich noch den Abend bei ihnen verbringen und wir es lustig zusammen haben könnten. So waren meine Arbeitszeiten flexibel, wenn es nötig war, sprang ich ein. Spannend war auch die Arbeit in der Küche. Ein Repertoir im Einsatz von Gewürzen wurde erweitert, ich lernte neue, schärfere Geschmacksrichtungen kennen und die Vorlieben der Spanier, die nicht immer mit den meinen übereinstimmten. Aber es machte Spass.
Die Eltern arbeiteten beide auswärts, die Mutter führte einen Kleiderladen. Wenn ich Morgen eintraf, sorgte ich dafür, dass die älteren Kinder rechtzeitig das Haus verliessen, und die Jüngste musste ich in den Kindergarten bringen. Zur Wohnung in einem Mehrfamilienhaus gehörte auch ein Spielplatz, wo sich die Kinder unbeauf-

sichtig tummeln konnten, während ich Hausarbeiten verrichtetem putzte oder dann auch den Kindern bei den Hausaufgaben beistand. Sie waren nicht immer einfache Kinder, „giftiger" als ich es von der ersten Familie her gewohnt war, waren auch oft eifersüchtig aufeinander. Mit mir waren sie anständig, aber sie wussten auch immer, woran sie mit mir waren. Ich staunte immer wieder, wie gerne sie bei mir waren. Keine Schneckentänze setzte es auch am Tisch ab, wenn ich auch dabei war, während es nur mit den Eltern zusammen meist recht tumultartig zuging. .

Es tat mir sehr leid, als nach drei Jahren die Familie wieder nach Spanien zurückkehrte und ich mich erneut nach einer Familie umsehen musste, in der es Kinder zu betreuen galt. So verschlug es micb diesmal mach Meggen, was einen längeren Arbeitsweg zur Folge hatte. Auch diesmal warteten dort drei Kinder auf mich, drei Kleinkinder. Der Vater arbeitete in einer Bank, aber die Mutter war ganztags anwesend, und das war ganz speziell, auch speziell schwierig für mich. Auf mich hörten die Kinder schnell recht gut und unterzogen sich meinen Anordnungen, aber rund um die Mutter trieben sie ständig nur Unfug. „Monika, komm du", rief sie, wenn es für sie unlösbare Probleme gab und es die Kinder am Tisch allzu bunt trieben. Die Mutter stand meistens sehr spät auf und schwebte im Morgenrock durch die Wohnung, wenn sie sich nicht für Einkäufe oder andere Besorgungen zurechtmachen und ins Dorf oder die Stadt fahren musste. Über ein Foto aus dieser Zeit muss ich auch heute noch oft schmunzeln.

Auch diese Zeit ging leider schneller zu Ende, als ich erwartet oder gehofft hatte. Nach fünf Jahren. Auch diesmal fiel die Familie auseinander. Der Vater zog aus, und die nun alleinerziehende Mutter konnte sich keine Mitarbeiterin im Haushalt mehr leisten…

Mich um Kinder zu kümmern und ihre Zuneigung zu gewinnen, hatte mich mit Stolz und Freude erfüllt. Das war mir schon mit meinen kleinen Cousins und Cousinen immer gelungen, so dass die Grossmutter meinte, diese Begabung sei mir in die Wiege gelegt worden. Aber diese drei Kinder waren die letzten, die ich berufsmässig betreute. Mein Rücken bereitete mir zunehmend Probleme, Schwierigkeiten und Schmerzen. Von Geburt an deformiert, hatte sich der Zustand im Laufe der Jahre noch verschlechtert.

Im eigenen Heim

In den 13 Jahren mit Haushalt und Kinderbetreuung hatte ich immer mit meiner Mutter zusammen in deren Wohnung gelebt. Das war nicht immer ohne Differenzen und Auseinandersetzungen oder Meinungsverschiedenheiten gegangen. „Du verdienst zu wenig, was willst du eigentlich, mach doch eine Lehre… Sieben Jahre arbeitete ich noch in einer Metzgerei, bei einem älteren Metzgerehepaar. Ich arbeitete im Haushalt, kochte, putzte, bügelte, flickte, hielt die Musikuniform des Meisters in Schuss, half aber auch im Laden aus. Die Kinder waren ausgeflogen. Eine strenge, aber eigentlich schöne Zeit. Besonders am Samstag oder auch Sonntag ging es immer hektisch zu. Ohne Kinder machte mir die Arbeit auch Spass, es war auch gut, spannend, einfach anders. Der Feierabend war regelmässig, es kamen nicht immer noch viele zusätzliche Arbeiten dazu; „du musst noch das, mach noch dies…". Die Tage waren besser strukturiert und planbar. Auch im Umgang mit Fleisch und Wurstwaren lernte ich dazu und kann heute noch davon profitieren.

Gesundheitlich ging es mir immer schlechter, die Beschwerden hatten zugenommen. Der Rücken wollte nicht mehr. Schon das viele Herumtragen von Kindern, die Putzarbeiten und all die andern Tätigkeiten in einem Haushalt forderten ihren Tribut und entmutigten mich.

Im Laufe der sieben Jahre in der Metzgerei suchte ich mir eine eigene Wohnung und zog bei meiner Mutter aus. Das ewige Herumdirigieren und die Nörgeleien konnte ich nicht mehr ertragen, und ich wollte jetzt endlich auch selbständig werden und mein eigenes Leben in die Hand nehmen. Das passte der Mutter nicht. Sie hatte auch viele gute Seiten und mir vieles gezeigt im Leben, aber es so gut herüberzubringen wie meine Grossmutter, das vermochte sie nicht. Und immer mehr fühlte ich mich gegängelt von ihr, und so stand mein Entschluss, auszuziehen, fest. Mein Beistand unterstützte mich dabei und war einverstanden, und ich wusste, wieviel die Wohnung kosten durfte. Etwas Passendes fand ich ganz in der Nähe. Aber meine Mutter trötzelte: „Jetzt verlässt du mich!" Sie hatte Angst, mich zu verlieren.

Sie selber hatte ihre Mutter ja auch verlassen, unangekündigt. Eines Morgens hatte ein Camion vor unserer Haustüre gehalten. Ich durfte der Grossmutter nicht verraten, was derselbe bezwecke und warum er bei uns zu anhielt. Unser Hab und Gut wurde eingeladen, und wir fuhren davon. Diesen fluchtartigen Auszug konnte ich schlecht verarbeiten, es schmerzte mich mehr als meine Grossmutter, auf diese Art wegzuziehen so unvermittelt, ohne richtigen Abschied.

Für meine Mutter war das wohl eine ihrer schwierigsten Entscheide in ihrem Leben, radikal, kompromisslos. Eine Flucht, sie ähnelte einem Schmetterling, der seinen Kokon verliess, ohne Vorankündigung. Eine Flucht aus dem beschmutzten Nest. Ihre Mutter in Ihrem Rollstuhl mit ihrem Bruder, meinem Vater, allein zurücklassend und sich selber überlassend. Endlich einmal ein eigenes Leben führen, die Vergangenheit hinter sich lassen, vergessen, neu anfangen.

Für die Zurückgebliebenen und die weiteren Familienangehörigen natürlich eine Ungehörigkeit, was sich da meine Mutter, die kleine Schwester, eingefädelt hatte. Sie waren nun ja alle auch gefordert, mussten den Alltag im Elternhaus gestalten helfen, der betagten Mutter unter die Arme greifen, sie auch finanziell unterstützen, den ganzen Haushalt organisieren helfen, die Pflege, das Einkaufen…

Es dauerte fast drei Jahre, bis Grossmutter und ich uns wiedersahen, an ihrem 70. Geburtstag.

Trotz dieser Erfahrungen: Auch ich verliess meine Mutter später auf dieselbe Weise, ohne lange Vorankündigung. Mein neues Zuhause hatte ich nicht lange suchen müssen. Ganz in der Nähe fand sich eine Dreizimmerwohnung, eine liebe Kollegin hatte mich bei der Suche unterstützt. Es war spannend, Wohnungen zu besichtigen und auswählen zu dürfen. Aussuchen und auswählen dufte ich auch die Wohnungseinrichtung, alles Nötige für die Küche, die Wäsche – es war eine spannende Zeit, zusammen mit Kolleginnen, die mich dabei begleiteten und unterstützten. Mein schönes Sofa und die beiden Sessel aus dieser Zeit besitze ich heute noch, die Sessel stehen in meinem Zimmer und das Sofa wartet draussen im Gang auf mich oder auch andere Bewohner und Besucher. Ich konnte die drei Möbel nicht aus den Händen geben.

An den Abenden nach der Arbeit in meine eigene Wohnung heimzukehren und den Feierabend selber zu gestalten, war eine ganz neue und schöne Erfahrung.

Abwechslung brachte eine ebenfalls behinderte Kollegin, eine junge Schneiderin, die tagsüber auf die Stör fuhr und dort Kleider nähte für ihre Kundinnen. Nach einer Kinderlähmung war eines ihrer Beine verkürzt, aber sie konnte Autofahren. So war sie im ganzen Luzernerland unterwegs und tätig. Auch für mich nähte sie je nach meinen Vorstellungen und Wünschen Kleider, seien es

Röcke, Jupes oder Hosen. Kennengelernt hatte ich sie in der Schönstatt-Gruppe.

Da die Freundin in einer Einzimmerwohnung wohnte, hatte sie ihre Nähmaschine in meine Wohnung gezügelt und dort auch Platz für Näharbeiten, auch genügend Platz und Weite, um ihre Stoffe auf dem Zimmerboden auszubreiten, darauf die Muster aufzuzeichnen und dann den Stoff zuzuschneiden. Genäht wurde dann oft auch bei mir, und wenn auch andere Menschen vorbeikamen und Gegenstände in meiner Wohnung einstellten, hatten wir es oft lustig und es wurden kurzweilige und interessante Abende daraus.

Immer wieder betreute ich auch die Schwägerin einer meiner Kolleginnen. Sie war dement, total vergesslich und unbeholfen und konnte nicht allein gelassen werden. Wenn sie bei mir war, blieb ich ans Haus gebunden und konnte dann meine Einkäufe nicht erledigen. Aber – solange sie bei mir Unterschlupf finden konnte, brauchte sie nicht in einem Heim untergebracht zu werden. Da sagte ich mir: „Es isch haut eso." „Es ist halt so", das hatte ich gelernt in meinem Leben, nicht immer so, wie man es gerne hätte, aber so, wie man es annehmen und das Beste daraus machen muss. „In Gottes Namen, es muss halt so sein:" Ändern kann man die Dinge nicht. Aber annehmen, akzeptieren.

Mit der Schwägerin wurde es immer belastender und schwieriger. Musste ich doch gelegentlich das Haus verlassen, fand ich meistens eine Kollegin, die aufpasste in der Wohnung, fand sich aber niemand, so musste ich alles abschliessen, die Wohnung, die Küche, die Schränke, meine Zimmer. Sonst wurde alles geöffnet, durchsucht oder durcheinandergebracht. Sie tat das unbewusst, wie ferngesteuert. Es war niemand da, sie davon abzuhalten und ihr Einhalt zu gebieten. Selbst wenn meine Mitbewohnerin daheim am Nähen war, half das wenig. Bis sich diese mit ihren Stöcken erhoben hatte und aufgestanden war, war das Unheil schon angerichtet...

Meist dauerten dies Zeiten aber nur rund drei Wochen, eine Zeit, während der die Tochter auch etwa Ferien mit der Familie verbringen und sich erholen konnte.

Beide Frauen, die Näherin und die Schwägerin, fühlten sich wohl in meiner Nähe und hielten sich gerne bei mir auf. Kaum war ich jeweils nach der Arbeit daheim in der Küche, kam die eine oder andere zu mir und hatte etwas zu erzählen oder suchte einfach nur meine Gesellschaft. Es war zwar immer spannend, aber auch belastend, und manchmal überstieg es auch fast meine Kräfte. Ich hatte Verantwortung übernommen, und die konnte ich nicht einfach abstreifen. Bis es mir aber dann doch zu viel wurde, und ein Ferienbett musste später für die Schwägerin gefunden werden…

Einmal besuchte ich sie dort. Sie sass auf einem Stuhl, angebunden. Sie starrte mich an, packte mich und zerriss mir mein Sommerkleid. Sie entwickelte eine unheimliche Kraft und beschimpfte mich und wetterte über die ganze Welt. Ihre Familie war mit der Situation überfordert, wie ich auch. Und ich liess den Kontakt zu ihr einschlafen.

„Ich bin nie böse gewesen zu meinen Mitmenschen, Familienangehörigen oder Bekannten, auch wenn ich gelegentlich Pflegerinnen gegenüber laut werde und sie anschreie, weiss ich ja warum und kann es auch begründen, und dann ist die Sache gegessen…"

Abschied von der Mutter

Es begann mit einem ersten Herzinfarkt. Während der Arbeit – die Mutter arbeitete immer noch als Packerin – musste sie zum Arzt gebracht werden. Sie wurde mit Medikamenten behandelt, musste eine Zeitlang mit der Arbeit aussetzen und sich erholen. Aber ihre Gesundheit konnte nicht mehr völlig hergestellt werden. Sie wurde schnell müde, mochte nicht mehr essen, und ihre Kräfte liessen zusehends nach. Ich besuchte sie hin und wieder, musste aber bald feststellen, dass es nicht mehr war wie früher und nicht alles stimmte mit der Mutter. Sie musste dann ihre Arbeit aufgeben, und ein Pater holte sie in ein christlich geführtes Heim der Schönstatt. Ihre Wohnung wurde vorläufig noch behalten.

Als sie auf einem Stuhl in einem Buch las, das ihr eine Kollegin mitgebracht hatte, fiel ihr dieses aus der Hand, sie wollte es aufheben, stürzte dabei, und als eine Schwester sie so auf dem Balkon fand, musste das Krankenauto bestellt werden. Vom Spital aus riefen sie mich an. Meine Mutter befand sich im Wachkomma.

Wieder zu Hause, erlitt die Mutter einen zweiten Herzinfarkt. Sie war danach stark verändert. War böse geworden. Der Kontakt zu ihr brach fast ganz ab. Sie wollte mich nicht mehr sehen, glaubte, allein zurechtzukommen. „Du brauchst nicht mehr zu kommen, Ich brauche dich nicht mehr. Ich kann das selber." Sie fühlte sich auch von ihren Geschwistern im Stich gelassen. Ich wehrte mich, dass ich nicht die ganze Wut der Mutter ertragen musste, wehrte mich, dass ich nicht an Ihrem Zustand schuld sei. Sie kam aber dann selber zur Einsicht, sich in ein einem Alters- und Pflegeheim anzumelden und dort einzuziehen. Dort kannte sie schon etliche der Bewohner, das Heim lag nicht weit von ihrer Wohnung entfernt. Vorerst lebte sie nun in einer kleinen angegliederten Wohnung. Ich besuchte sie aber dann halt auch kaum mehr, da ich mit 48 Jahren nicht mehr zu gehen vermochte, meine Beine zunehmend den Dienst versagten und alles schwieriger wurde. Das rechte Knie begann einzuknicken, und trotz Physiotherapie und anderen Massnahmen konnte dieser unerfreuliche Verlauf nicht aufgehalten werden.

So hatte mich mein Weg hierhin in die Wohngemeinschaft Fluematt geführt.

Ein Todesfall schlug ein wie ein Blitz. Ein Ausflug mit allen Bewohnern und Betreuern der Fluematt stand bevor. Kurz vor der Abfahrt fühlte ich, dass mich etwas Ungutes im Briefkasten erwartete. Eine Todesanzeige. Böse Ahnungen hatten mich nicht getäuscht. Ich teilte den Reisefertigen mit, dass ich nicht mitkomme und daheim bleibe. Es gelang ihnen aber schliesslich mit vereinten Kräften doch, mich davon abzubringen und trotz allem mitzukommen.

Es wurde ein schwieriger Tag. Auch die Beerdigung nach ein paar Tagen. Die Pfarrköchin war gestorben, eine herzensgute und liebe Frau der Schönstatt-Bewegung, zu der ich einen besonders engen Kontakt gehabt und die mich immer verstanden hatte. Sie hatte mich oft in der Fluematt besucht und mich mit Kleidern versorgt. An diesem Beerdigungstag sah ich auch den Priester weinen, der seine Köchin verloren hatte, die ihm so viele Jahre gedient hatte. Das war nur der Anfang einer Serie von Todesfällen innerhalb von drei Jahren, die mich sehr belasteten und mir fast den Boden unter den Füssen entzogen.

„Du musst Gottvertrauen haben, es ist das einzige, was es braucht. Was nimmt er auf, der Herrgott? Jedes seiner Glieder. Er lässt keines aus den Augen. Das finde ich so schön. Wir machen alle Fehler. Und wir sollen zu unseren Fehlern auch stehen." Das sind meine Gedanken. Und ich habe immer wieder Trost gefunden. Und mein Glück.

Es ist nicht immer einfach. Aber das Leben selber ist nicht immer einfach. Der Mensch kann das nicht ändern. Aber annehmen, was kommt. Ich muss auch ja sagen zum meinem Schicksal. Ich habe viel gelernt im Leben.

Nun zurück zu meiner Mutter. Sie verstarb mit 74 Jahren. Als ich sie nicht mehr besuchen konnte, schlief der Kontakt langsam ein. Durch ein Telefongespräch erfuhr ich, dass es meiner Mutter schlecht gehe, und dass sie im Sterben liege. Ich fuhr hin. Die Mutter sass im Rollstuhl, den Kopf gesenkt.

„Hoi Mama.?

„Wa? Ich will von dir das Visitenkärtchen!"

Da verstand ich. Wenn die Mutter so da sass, dann war es nicht so tragisch. Ich liess mich nicht ins Bockshorn jagen. Das war das letzte Mal, dass ich sie lebend sah.

Mein Cousin rief mich viel später einmal an und erzählte, er habe mein Visitenkärtchen angetroffen. Er möchte vorbeikommen. Er kam gegen Abend. Überbrachte die Todesnachricht.

All Ihre Habseligkeiten waren schon auf die Gemeinde gebracht worden.

Ein Abschied. Ein Verlust? Meine Mutter war nicht mehr da. Wie so oft, aber nun endgültig.

Meine Mutter. Die Tränen konnte ich nicht zurückhalten. Was für ein Leben war da zu Ende gegangen?

Es muss etwas Besseres geben, in einer andern Welt. Liebe Mutter, ich wünsche dir das und hoffe es.

Der Tod

Kein Todesfall lässt mich unberührt, jeder stürzt mich wieder in die finstere schwarze Nacht, in das dunkle unergründliche Loch. Mein Herz blutet wieder und die Tränen fliessen, die Vergangenheit hat mich wieder in den Klauen. Ein Mensch hat mich wieder ein Stücklein meines Weges begleitet, ist auf dem Lebensweg aufgetaucht oder wir sind uns darauf begegnet. Nun ist er wieder gegangen, abgeholt worden. Wohin? Im Meer des Vergessens versunken, abgetaucht, oder hat er Flügel bekommen und ist weggeschwebt?

Bis die Beerdigung vorbei ist, lässt mich die Verzweiflung nicht. Ich muss an der Beerdigung, an der Abschiedsfeier teilnehmen, erst dann, wenn ich weiss, wo der Verstorbene ruht, kann ich loslassen, ein Schublädchen im Schubladenstock meiner Geschichte schliessen. Eines der zahllosen Schublädchen. Was aber ist dort drin? Alle sind gefüllt mit Erinnerungen. Mit Schrecken und Ängsten, die mich heimgesucht haben, mit freudigen Ereignissen auch, aber diese Kästchen sind rar. Und wohin schwinden diese Inhalte, wenn ich einmal selber gestorben bin? Nehme ich sie mit oder heften sie sich mir an die Fersen? Wann ist das alles zu Ende? Sind sie im Meer des Vergessens versunken, und wenn ja, sind sie immer noch dort? Wozu?

Vor unserem Wohnheim befinden sich die kleinen Gartenabschnitte einzelner Bewohner, die dort eine kleine Pflanzenwelt nach ihren Vorstellungen gestalten dürfen. Auch ich habe dort mein Blumenbeet gestaltet und freue mich, wenn dort etwas wächst und blüht. Ganz zuhinterst ist auf meine Anregung hin ein kleines Beet zum Andenken an die Verstobenen aus unserer Lebensgemeinschaft angelegt worden. Mit einem grossen Steinherzen in der Mitte, darum herum blüht es, je nach Jahreszeit in verschiedenen Farben. Oft verweile ich dort und hänge meinen Gedanken nach, denke an das Dutzend Menschen, die bisher im Heim verstorben sind und die für immer auch mit meinem Leben verbunden bleiben. Und deren Weg auch ich eines Tages einschlagen werde…

Menschen sind auch wie Blumen. Unter verschiedensten Bedingungen keimen sie, wachsen heran, in Gärten, in Wiesen, in den Bergen, in Sümpfen, im Wasser, am Polarmeer, in der Wüste. Sie können überall Wurzeln schlagen, starke und kräftige, winzige und kümmerliche, je nach Bodenart, nach Wärme und Nährstoffen. Ganz unterschiedlich treiben sie aus, früher oder später, mächtig, saftig und stark, oder nur ein paar Zentimeter gross, zerbrechlich und fragil, und trotzdem bilden sie alle eines Tages Knospen, erblühen, auch unter widrigsten Umständen, verschönern die Welt. Vielleicht sind sie auch glücklich, für ein paar Tage, verblühen, und die winzigen Blüten sind ebenso schön wie die grössten, prunkvollsten. Wie die Menschen.

Das Marmelspiel

Manchmal fühle ich mich wie eine Marmel in einem Marmelspiel. eine runde Kugel, die immer weiter rollt, auf einer schiefen Ebene, immer leicht abwärts. Es gibt viele solche Ebenen. Auf jeder Ebene gibt es nur einen einzigen Ausgang, ein Loch unten, ganz zuunterst. Und auf dieses Loch zu rollt die Kugel, es gibt keinen andern Ausweg, nur ein Loch, und dort hindurchschlüpfen muss die Kugel, plumpst hinunter, gelangt auf die nächste Etage, und auch dort wieder dasselbe. Das Loch ist schon wieder da. Am unteren Ende, ganz zuunterst. Anhalten kann die Kugel nicht, Umwege rollen auch nicht, abbremsen unmöglich, und dann wieder: Plumps. So geht das Spiel weiter, irgend einem vorbestimmten unbekannten Ende entgegen. Umkehren und wenden ist unmöglich, anhalten geht auch nicht. Neue Etage, neue Angst. Wann hört das auf? Und dann das Ende. Viele andere Kugeln liegen schon dort, wo kein Loch mehr lauert, keine Plumpsgefahr mehr droht. Viele Marmeln sind dort angekommen. Ruhen aus? Schlafen? Tot? Träumen von einer Hand, die sie packt und wieder auf das oberste Niveau hebt? Oder haben Angst davor?
Schon vor der Geburt bin ich durch das erste

Loch gefallen. Mit mir zusammen meine Mutter? Oder der Vater? Oder war der schon weit unten unterwegs? Am Ende schon ganz unten?

Es bleiben nur Fragen. Woher? Wie weiter? Wohin? Warum?

Antworten darauf gibt es keine. Nur Fragen. Aber Fragen zu haben, ist besser als Antworten.

Unten angekommen: Fliehen könnte man nur, wenn man fliegen könnte. Gelingt uns vielleicht einmal. Dann werden wir leicht wie Schmetterlinge und entschweben. Oder eine Hand ergreift uns, trägt uns fort, hoch in die Lüfte, wir nehmen neue Düfte wahr, das Sonnenlicht, nähern uns dem Himmel...

Angekommen

`s isch wie `s isch, das mues me akzeptiere.

Das sage ich mir oft. Akzeptieren, was nicht zu ändern ist.

Es ist, wie es ist. Was heisst das? Wie ist es denn? Ich habe gelernt, dass fast alles immer schlecht ausgeht. Von Geburt an. Und wie selbstverständlich geworden ist das für mich, ein Automatismus, ein Gefühl von Verlorenheit und Ausgeliefertsein, das sich automatisch einstellt, wenn es schwierig wird. Obschon ich gelernt habe, alles zu akzeptieren, was das Leben für mich bereithält und was täglich geschieht, zieht es mich trotzdem immer wieder in ein Loch hinunter, reisst mich wie in einem Strudel in einen Abgrund, umnebelt mich, lässt meine Gedanken kreisen und es wird schwierig für die Menschen um mich herum. Wenn ich unausstehlich werde, tut es mir leid, aber ich kann es nicht ändern und brauche oft bloss Ruhe und Zeit.

Wenn ich dann sage: „Bringt mich jetzt doch einfach ins Bett und lasst mich in Ruhe", dann ist das nicht böse gemeint, und ich bin froh, dass dies die meisten der Pflegerinnen auch verstehen können.

Zur Ruhe komme ich dann schon wieder, wenn man mir die Zeit lässt. Trost finde ich dann gelegentlich auch durch ein Telefongespräch, wenn ich mit einer der Marienschwestern der Schönstattbewegung sprechen kann.

Aber hier in der Wohngemeinschaft fühle ich mich gut aufgehoben. Fühle mich verstanden, geborgen und umsorgt, mein schönes Zimmer ist zu meiner Heimat geworden, schon seit vielen Jahren, und ich muss nicht Angst haben, diese meine neue Heimat zu verlieren. Hier habe ich auch alle meinen lieben Dinge um mich, den Schmuck und die Ringe, die ich von meiner Mutter geerbt habe, viele Fotos und andere Erinnerungsstücke.

Ich brauche mich kaum mehr um Alltagsverrichtungen wie Kochen, Putzen, Einkaufen oder das Besorgen von Wäsche zu kümmern und habe Zeit und Freiheiten, die ich selber gestalten kann. So habe ich mir neue Hobbys angeeignet. Seidenmalen gehört dazu und das Gestalten von Kärtchen, das Knüpfen von Teppichen oder nebenbei gelegentlich auch der Verkauf von Kosmetikprodukten. Oder auch Ausflüge in die benachbarten Dörfer sind möglich dank des Elektrorollstuhls.

Ich habe auch viel Zeit zum Nachdenken. An die schönste Zeit in meinem Leben: die Kinder in den Familien, die ich betreuen durfte und mit welchen ich auch in die Familien integriert war.

Was würde ich heute rückblickend anders machen: „Ich würde etwas strenger sein mit den Kindern und ihnen weniger durchgehen lassen, als ich es getan habe."

Zeitfracht Medien GmbH
Ferdinand-Jühlke-Straße 7
99095 Erfurt, Deutschland
produktsicherheit@kolibri360.de